LOI

SUR

L'ORGANISATION GÉNÉRALE

DE L'ARMÉE

PARIS

—

IMPRIMERIE MILITAIRE UNIVERSELLE L. FOURNIER

264, boulevard Saint-Germain, 264

1928

LOI

SUR

L'ORGANISATION GÉNÉRALE DE L'ARMÉE

PARIS

—

IMPRIMERIE MILITAIRE UNIVERSELLE L. FOURNIER

264, boulevard Saint-Germain, 264

—

1928

LOI

SUR

L'ORGANISATION GÉNÉRALE

DE L'ARMÉE

Le Sénat et la Chambre des députés ont adopté.

Le Président de la République promulgue la loi dont la teneur suit :

TITRE PREMIER

Dispositions générales

Art. 1er. — L'organisation militaire du pays a pour objet essentiel la sauvegarde de l'intégrité du territoire national.

L'état de guerre peut exiger la mise en œuvre de toutes les forces vives du pays. Les mesures nécessaires sont prévues dès le temps de paix ; la réalisation, au moment fixé par le Gouvernement constitue la « mobilisation ».

La loi sur l'organisation de la nation pour le temps de guerre fixe les règles selon lesquelles s'exécute la mobilisation de la nation dans le cadre déterminé par le pacte et par les décisions de la Société des Nations.

La présente loi a pour objet de déterminer l'organisation militaire en temps de paix et en temps de guerre de l'armée de terre. L'organisation de l'armée de mer est fixée par des lois spéciales.

Art. 2. — L'armée de terre se recrute sur l'ensemble du territoire national et de nos possessions d'outre-mer ; elle se compose de troupes métropolitaines et de troupes coloniales.

Les troupes métropolitaines comprennent des militaires français, des militaires indigènes de l'Afrique du Nord et des étrangers.

Les troupes coloniales comprennent des militaires français et des militaires indigènes originaires du territoire ressortissant du ministère des colonies.

Art. 3. — L'organisation militaire du pays doit assurer :

1° L'instruction militaire des citoyens ;

2° La préparation en temps de paix et la réalisation en temps de guerre des mesures permettant la réunion des ressources en personnel et matériels de toutes sortes nécessaires à la constitution et à l'entretien des armées ;

3° La protection permanente des opérations éventuelles de mobilisation, de transport et de réunion des armées et des opérations de mobilisation économique.

En outre, l'organisation militaire du pays doit assurer :

4° La défense, en tout temps, des colonies, pays de protectorat et territoires à mandat ainsi que le maintien de l'ordre dans ces territoires ;

5° La possibilité de renforcer, en cas de besoin, la sécurité de nos possessions extérieures au moyen de forces disponibles, tenues toujours prêtes sur le territoire de la métropole ;

6° En cas d'insuffisance des forces de police, et à titre tout à fait exceptionnel, le maintien de l'ordre à l'intérieur. Le maintien de l'ordre à l'intérieur relève exclusivement du ministre de l'intérieur : en particulier en cas de grève ou de conflit entre le capital et le travail.

Art. 4. — L'organisation militaire générale est basée sur la division du territoire métropolitain en vingt régions militaires. Le tracé de ces régions est fixé par un décret portant règlement d'administration publique, d'après les ressources du recrutement et les nécessités de la mobilisation. Le même décret détermine les servitudes imposées à certaines régions pour les besoins du recrutement et de la mobilisation de l'armée de mer.

Art. 5. — Un conseil supérieur de la guerre fonctionne comme organe consultatif et d'études auprès du ministre de la guerre, qui en est le président de droit.

La composition et les attributions de ce conseil sont fixées par décret rendu en conseil des ministres.

TITRE II

Organisation du temps de paix

CHAPITRE PREMIER

Composition de l'armée du temps de paix

Art. 6. — L'armée de terre comprend en temps de paix :
a) Des organes de commandement et des états-majors;
b) Des corps de troupe et des formations de services;
c) Des bureaux de recrutement ;
d) Des centres de mobilisation;
e) Des écoles et organes d'études ;
f) Des établissements et organes d'administration.

Art. 7. — L'armée du temps de paix comprend ; une organisation territoriale et des forces permanentes.

CHAPITRE II

Organisation du commandement

Art. 8. — A la tête de chacune des régions militaires du territoire est placé un officier général, assisté d'un état-major et de directeurs ou chefs de services ; il exerce à la fois le commandement des troupes et le commandement territorial.

Son autorité s'étend à toutes les troupes, formations et établissements stationnés sur le territoire de la région, à l'exception des établissements spéciaux dépendant directement du ministre de la guerre.

L'officier général commandant une région militaire en temps de paix peut être désigné pour exercer en temps de guerre le commandement d'un corps d'armée ; il est remplacé à la tête de la région, au moment de son départ pour les armées, par un officier général désigné et préparé à cet effet dès le temps de paix.

Art. 9. — Le commandement des troupes comprend toutes

les questions concernant l'instruction et l'emploi des troupes, l'administration intérieure des corps de troupe, la discipline, l'hygiène, les affectations, les mutations et l'avancement du personnel.

Art. 10. — Le commandement territorial comprend toutes les questions concernant :

a) La discipline générale, le service de garnison, la justice militaire (le général commandant la région exerçant, à cet égard, les pouvoirs dévolus par la loi et le code de justice militaire au général commandant la circonscription), et le service de la gendarmerie ;

b) Le service de recrutement, l'administration des hommes des réserves et des affectés spéciaux et la préparation militaire ;

c) La préparation de la mobilisation ;

d) Le contrôle de l'utilisation des effectifs dans les établissements militaires, même si ceux-ci, en vertu de l'article 8 ci-dessus, dépendent directement du ministre ;

e) L'organisation défensive du territoire contre les attaques aériennes et terrestres.

CHAPITRE III

Organisation territoriale

Art. 11. — L'organisation militaire territoriale a pour but d'assurer le recrutement, la préparation militaire, la mobilisation militaire, le jeu des services nécessaires à l'armée du temps de paix.

Elle comporte :

1° Des organes de commandement et des états-majors ;

2° Des bureaux de recrutement dont la mission est de recenser et d'administrer le personnel assujetti aux obligations militaires ;

3° Les organes ou œuvres de préparation militaire ;

4° Des céntres de mobilisation dont la mission est de préparer et d'exécuter le moment venu la mobilisation militaire ;

5° Des écoles et organes d'études ;

6° Des établissements et formations de services du territoire.

Art. 12. — Pour l'exercice du commandement territorial, chaque région est divisée en subdivisions de région dont chacune est placée sous l'autorité d'un officier supérieur ou général ; les subdivisions de région peuvent être réunies en « groupes de subdivisions » placés sous l'autorité d'un officier général.

Le tracé des subdivisions sera progressivement modifié de telle façon qu'il coïncide en principe avec le tracé des départements.

Art. 13. — Les différents services de l'armée sont, en principe, organisés par région.

Art. 14. — Chaque subdivision de région possède au moins un bureau de recrutement et un nombre variable de centres de mobilisation. Elle peut, en outre, comporter des organes ou œuvres de préparation militaire.

CHAPITRE IV

Organisation des forces permanentes

Art. 15. — Les forces permanentes se répartissent en trois catégories dans la composition desquelles entrent des troupes métropolitaines et des troupes coloniales :

a) Les forces du territoire métropolitain composées, en principe, d'éléments français et stationnées en permanence sur le territoire métropolitain ;

b) Les forces d'outre-mer, composées d'éléments français, indigènes et étrangers, destinées à l'occupation et à la défense de nos possessions et stationnées en permanence dans ces possessions ;

c) Les forces mobiles, réserves des forces permanentes d'outre-mer, composées de Français et d'indigènes et normalement stationnées sur le territoire métropolitain et en Afrique du Nord.

Art. 16. — Les forces du territoire métropolitain sont réparties en grandes unités ou en réserves générales, disposant des organes de commandement et des services qui leur sont nécessaires.

Les forces d'outre-mer sont organisées suivant les nécessités particulières à chacun des territoires sur lesquels elles sont stationnées.

Les forces mobiles comprennent des grandes unités et des éléments de réserves générales.

Art. 17. — Chaque corps de troupe est organisé sur un type se rapprochant, autant que possible, du régiment ou de l'unité similaire du temps de guerre.

Il peut comprendre :

a) Des unités d'instruction, composées de recrues et de leurs instructeurs ;

b) Des unités de manœuvre, composées de militaires ayant parcouru le premier cycle d'instruction ;

c) Exceptionnellement, des unités-cadres ne comprenant que des personnels de carrière.

Les corps de troupe entrant dans la composition du dispositif permanent de protection des frontières ne comprennent pas d'unités-cadres.

Chaque formation de service formant corps comprend une ou plusieurs unités d'exploitation.

En principe, chaque corps de troupe ou bataillon formant corps est réuni dans une même garnison. Il ne doit être dissocié qu'autant que les nécessités de la couverture, du casernement ou de la mobilisation l'exigent.

Art. 18. — Les corps de troupe et unités formant corps des forces permanentes de la métropole sont réunis en :

a) Divisions, composées et organisées sur le type des grandes unités similaires du temps de guerre ;

b) Eléments non endivisionnés ;

c) Eléments de réserves générales.

En principe, il existe une division d'infanterie des forces du territoire par région militaire, division stationnée sur le territoire de la région. Son stationnement est fixé en fonction des besoins de la sécurité et de la mobilisation, des facilités de l'instruction et des ressources en casernements.

Toutefois, certaines régions militaires peuvent, en raison des besoins particuliers afférents à l'occupation de territoires extérieurs ou au renforcement de la couverture, ne pas être dotées d'une de ces divisions. Dans ce cas, stationneront sur le territoire de ces régions :

D'une part, les éléments prélevés sur les divisions de forces du territoire des régions limitrophes (en aucun cas, les unités ainsi détachées ne devront être inférieures au régiment d'infanterie ou au groupe d'artillerie) ;

D'autre part, et dans toute la mesure du possible, des éléments non endivisionnés, de réserve générale ou des forces mobiles, ainsi que des centres de formation de spécialistes.

Art. 19. — Certains corps de troupe et unités formant corps peuvent, soit en raison de leur spécialisation ou de leur utilisation prévue, soit eu égard aux exigences de l'instruction combinée de certaines armes, être groupés en commandements particuliers comprenant des éléments stationnés sur le territoire de plusieurs régions.

Ces éléments demeurent soumis aux autorités locales pour ce qui concerne l'exercice du commandement territorial, mais ne relèvent, à tous autres égards, du général commandant la région sur le territoire de laquelle ils sont stationnés, que par l'intermédiaire du commandement de groupement auquel ils appartiennent.

Le nombre et la composition des corps de troupe et formations de services résultent des fixations de la loi sur la constitution des cadres et effectifs de l'armée.

Art. 20. — A titre temporaire, certaines formations prévues aux articles 16 et 17 peuvent, pour les besoins de l'occupation des territoires rhénans, être groupées en corps d'armée.

La constitution de ces corps d'armée est ordonnée par décret pris en conseil des ministres.

Les officiers généraux désignés pour exercer le commandement des corps d'armée de marche qui peuvent être ainsi constitués ont le même rang que les commandants de région.

En aucun cas, le nombre des divisions de forces du territoire existantes ne pourra excéder 20.

Les éléments des forces mobiles utilisées hors du territoire métropolitain peuvent être groupés temporairement en unités de marche constituées suivant les nécessités d'emploi.

Art. 21. — Les indigènes de l'Afrique du Nord, recrutés d'après les règles qui leur sont propres, peuvent être formés en corps de troupe ou unités indigènes, encadrés par des Français et des indigènes. Ils peuvent entrer dans la composition des corps, unités ou formations de services des troupes métropolitaines.

L'organisation des corps étrangers est fixée par décret.

Art. 22. — La composition des états-majors dont disposent les autorités visées par la présente loi est déterminée par le ministre de la guerre dans les limites globales de nombre qui sont fixées par la loi sur la constitution des cadres et effectifs de l'armée.

Ceux desdits états-majors fonctionnant auprès d'autorités dont les attributions comportent, à la fois, un commandement territorial et un commandement de troupes, comprennent deux fractions :

Une fraction active disponible pour les besoins des grandes unités mobilisées ;

Une fraction territoriale, dont les éléments viennent se fondre, à la mobilisation, dans les états-majors du territoire désignés par le ministre de la guerre.

Une loi spéciale fixe l'organisation et le fonctionnement du service d'état-major dans l'armée.

CHAPITRE V

Incorporation. — Instruction

Art. 23. — Les militaires appelés sont affectés, selon les ordres du ministre de la guerre, aux divers corps de troupe ou formations ; ils y reçoivent l'instruction correspondant à cette affectation et y assurent le service dans les conditions fixées par les règlements en vigueur. Ils ne peuvent, s'ils appartiennent au service armé, être utilisés à l'extérieur du corps qu'accidentellement, lorsque l'intérêt public l'exige, et par unités encadrées. Pendant les périodes de présence dans les unités d'instruction , aucune recrue ne peut être enlevée à l'instruction pour être employée ailleurs qu'au dressage technique spécial de l'arme ou de la spécialité.

Les militaires appelés demeurent affectés pendant toute la durée du service actif aux unités dans lesquelles ils ont été incorporés et instruits. A leur passage dans la disponibilité et la première réserve, ils restent, dans la mesure du possible, affectés à ces unités ou à l'une de celles qui en dérivent à la mobilisation.

Art. 24. — Les unités d'instruction et les unités de manœuvre sont périodiquement réunies dans les camps d'instruction ou pour des manœuvres d'ensemble, et, pour tout ou partie, en grandes unités du type des unités de guerre.

Pour les périodes d'exercices les cadres et hommes des réserves sont convoqués, en principe, dans le cadre du corps porté aux effectifs de guerre, auquel ils appartiendraient en cas de mobilisation. Leur entraînement a lieu principalement dans les camps ou au cours de manœuvres, autant que possible par grandes unités constituées de mobilisation.

En dehors de ces convocations, les cadres et hommes des réserves, particulièrement ceux appartenant aux services ou à des armes dont l'instruction technique est complexe, peuvent être appelés dans un corps des forces permanentes ou dans une unité d'exploitation.

Art. 25. — Les exercices de tir, marches, manœuvres et opérations d'ensemble que comporte l'instruction des troupes sont exécutés, soit dans les champs de tir ou camps organisés, soit en terrains variés.

Pour l'exécution de ces exercices, marches, manœuvres ou évolutions, l'autorité militaire a le droit, soit d'occuper momentanément les propriétés privées, soit d'en interdire temporairement l'accès. Les lois et décrets spéciaux en la matière déterminent les conditions d'exercice de ce droit, ainsi que le mode d'évaluation et de payement des indemnités dues pour les dommages en résultant.

Art. 26. — Les écoles militaires pour la formation des cadres et spécialistes sont :

a) Les écoles de formation (écoles pour le recrutement direct des officiers de carrière, écoles de sous-officiers élèves officiers, centres annexes d'élèves officiers de réserve) ;

b) Les écoles d'application (une par arme ou service en principe) ;

c) L'école supérieure de guerre.

Il peut, en outre, être fait appel à des écoles civiles agréées par l'autorité militaire, où les cadres spécialistes sont détachés en stage.

Il peut enfin être créé, à la demande des besoins, des centres de formations d'élèves sous-officiers de réserve et des centres ou écoles de formation ou de perfectionnement pour sous-officiers de carrière.

CHAPITRE VI

Préparation de la mobilisation militaire

Art. 27. — La préparation de la mobilisation comprend les mesures ayant pour objet, lorsque l'ordre en sera donné par le Gouvernement :

a) De mettre sur pied de guerre les corps de troupe et formations de services du temps de paix ;

b) De constituer, avec les hommes rappelés sous les drapeaux et les ressources existantes, des unités de nouvelle formation composées d'hommes des réserves, encadrées en partie par des éléments permanents ou composés uniquement de réservistes ;

c) De compléter l'organisation des services militaires du territoire et du commandement territorial.

Art. 28. — La préparation et l'exécution de la mobilisation sont assurées par des « centres de mobilisation » entièrement autonomes.

Les centres de mobilisation peuvent comporter des annexes.

Les commandants de centres ou d'annexes sont placés sous les ordres du commandement territorial.

Les centres de mobilisation sont chargés, pour les formations dont ils assurent la mobilisation :

a) De tenir les contrôles, répertoires et journaux de mobilisation de ces unités ;

b) De répartir entre ces unités les ressources en personnels, matériels et animaux qui leur sont affectés ;

c) D'emmagasiner, gérer, entretenir les matériels nécessaires à ces formations, à l'exception des matériels dont la nature spéciale rend nécessaire la conservation dans des établissements spéciaux.

Les chefs désignés des corps à mobiliser par le centre ont, sur le travail de préparation de la mobilisation, un droit de regard dont l'étendue et les conditions sont déterminées par une instruction ministérielle.

Par exception, les centres mobilisateurs n'ayant à mobiliser que des unités actives peuvent être placés sous les ordres du chef de corps actif intéressé ; ils n'en restent pas moins, dans ce cas, complètement distincts du corps de troupe actif.

Les commandants de centres ou d'annexes ont, au point de vue administratif, le rôle et les responsabilités d'un commandant d'unité formant corps ou, pour certaines annexes peu importantes, d'un commandant de détachement s'administrant séparément.

En ce qui concerne leur vie journalière, les centres et les annexes peuvent soit s'administrer séparément, soit, dans un but d'économie, être rattachés à un corps de troupes ou à une formation de service.

Art. 29. — Les centres de mobilisation comprennent:

a) Des officiers;

b) Un petit nombre de militaires de carrière ;

c) Des agents militaires et de la main-d'œuvre civile.

Les officiers et militaires de carrière d'un centre concourent à l'encadrement des unités mobilisées, lorsqu'ils ont été relevés dans leurs emplois ou lorsque le rôle mobilisateur du centre est terminé.

L'effectif global du personnel permanent des centres est déterminé par la loi des cadres et effectifs.

CHAPITRE VII

Dispositions particulières aux troupes coloniales

Art. 30. — Les troupes coloniales conservent leur autonomie dans le cadre de la loi du 7 juillet 1900.

Art. 31. — Les troupes coloniales sont organisées comme il est dit aux articles 15 et 16.

Compte tenu des règles qui leur sont propres, l'instruction, l'administration et la mobilisation des unités stationnées hors des colonies sont assurées dans les mêmes conditions que celles des troupes métropolitaines.

Il peut, en particulier, leur être rattaché des centres de mobilisation.

Les règles indiquées à l'article 21, pour l'utilisation des indigènes de l'Algérie et des pays de protectorat, sont applicables aux indigènes des colonies, sauf en ce qui concerne la faculté de les faire entrer dans la composition des corps, unités ou formations de services des troupes métropolitaines.

Art. 32. — Les unités des troupes coloniales, stationnées dans la métropole, sont groupées en commandements autonomes dans les conditions prévues à l'article 19. Elles relèvent des autorités régionales dans les mêmes conditions que les troupes métropolitaines, sauf en ce qui concerne toutes les questions d'instruction, de personnel et d'administration, lesquelles sont centralisées entre les mains d'un officier général désigné comme « commandant supérieur des troupes coloniales dans la métropole » et ayant, comme tel, rang et prérogatives de commandant de région.

Les unités des troupes coloniales, stationnées normalement à l'extérieur de la métropole, relèvent des autorités locales ou des commandements de groupements, dans les mêmes conditions que les troupes métropolitaines.

TITRE III

Organisation du temps de guerre

CHAPITRE PREMIER

Exécution de la mobilisation militaire

Art. 33. — La mobilisation des forces militaires du pays a pour objet la constitution et la mise sur pied de l'armée de guerre.

Elle est ordonnée par décret pris en conseil des ministres.

Le ministre de la guerre est chargé de transmettre et de

notifier l'ordre de mobilisation aux diverses autorités civiles et militaires intéressées.

Art. 34. — La mobilisation peut être générale ou partielle.

L'ordre de mobilisation générale est toujours diffusé par voie d'affiches et publications sur la voie publique.

En cas de mobilisation partielle, les personnels visés par le décret sont convoqués par ordre d'appel individuel, indiquant à chacun d'eux la formation qu'il doit rallier et le délai déterminé dans lequel il doit rejoindre. L'ordre de mobilisation partielle peut, en outre, être diffusé par voie d'affiches et publications sur la voie publique.

Lorsque la mobilisation est ordonnée quiconque est soumis à des obligations militaires doit, sous peine d'insoumission, quels que soient sa situation et le lieu où il se trouve, obéir, sans attendre la notification d'un ordre de route individuel, aux instructions portées, soit sur le fascicule de mobilisation ou sur l'ordre dont il est détenteur, soit sur l'ordre d'appel qui lui a été régulièrement notifié.

Art. 35. — Tout Français ou ressortissant français soumis, à quelque titre que ce soit, à des obligations militaires par l'effet de la loi, est mobilisé par le décret qui ordonne la mobilisation.

Les affectations sont prononcées suivant les instructions du ministre de la guerre, compte tenu des dispositions restrictives de la loi sur l'organisation des cadres des réserves et de la loi sur le recrutement de l'armée en matière d'affectation spéciale. Elles sont modifiées dans les mêmes conditions.

Art. 36. — Chaque région mobilise des unités et formations en nombre correspondant aux ressources dont elle dispose, compte tenu des besoins de la mobilisation industrielle, économique et administrative du pays et selon les prévisions du « plan de mobilisation ».

Le plan de mobilisation est établi par le ministre de la guerre ; il détermine, dans le cadre de la législation en vigueur :

a) La composition et le groupement de nos forces en temps de guerre ;

b) Les règles selon lesquelles s'effectue, en conséquence, la mobilisation des différents corps, unités et services.

Art. 37. — Les corps de troupe du temps de paix sont portés à l'effectif de guerre, par l'incorporation des militaires des réserves ; leur dotation en animaux et matériel est complétée par la réquisition. Ils prélèvent sur leurs effectifs du temps de paix du personnel d'encadrement et des spécialistes destinés à entrer dans la composition des corps de nouvelle formation et passent ces éléments à un centre de mobilisation.

Les centres de mobilisation reçoivent, habillent et arment les militaires de réserve rappelés sous les drapeaux et qui leur sont affectés dès le temps de paix ; ils reçoivent également les militaires visés à l'alinéa précédent ; ils en constituent des unités sur le pied de guerre. Ils groupent et absorbent les dépôts des corps de troupe du temps de paix.

CHAPITRE II

Composition de l'armée du temps de guerre

Art. 38. — Les unités mobilisées sont formées en régiments ou unités formant corps et réunies en grandes unités (division, corps d'armée, armée, éventuellement groupes d'armées) ou groupées en « commandements particuliers » constituant des « réserves générales » à la disposition du commandant en chef.

Les unités et formations indigènes ou mixtes, mobilisées sur le territoire de la métropole, en Algérie et dans les colonies ou pays de protectorat font partie de l'armée de guerre et peuvent entrer dans la composition des unités visées ci-dessus.

Il en est de même des formations étrangères régulièrement organisées.

Les grandes unités et commandements particuliers peuvent comprendre, soit exclusivement des troupes métropolitaines, soit exclusivement des troupes coloniales, soit à la fois des troupes métropolitaines et des troupes coloniales.

Ces grandes unités peuvent être commandées, suivant les

nécessités d'encadrement, par des officiers des troupes métropolitaines ou des officiers des troupes coloniales.

Art. 39. — La division constitue la grande unité élémentaire
à l'intérieur de laquelle se combine l'action de plusieurs
armes. Elles comprend un état-major, des régiments ou unités de différentes armes, des services. La division est dite
d'infanterie ou de cavalerie suivant l'arme qui est prépon-
dérante dans sa composition. L'organisation du commandement à l'intérieur de la division est fixée par le ministre de
la guerre.

Le corps d'armée comprend un état-major, des directeurs
ou chefs de service, un nombre variable de divisions, des
éléments non endivisionnés, des services.

L'armée, unité stratégique, constitue exclusivement un
organe de commandement et d'encadrement. Elle comporte
comme éléments organiques : un état-major, des groupes spécialistes, des services ; elle reçoit et encadre des corps d'armée, divisions et groupements de réserves générales en
nombre variable suivant la mission.

Art. 40. — Des corps spéciaux peuvent être formés avec
les personnels français ou indigènes, dégagés ou non d'obligations militaires, désignés ou requis pour y servir, soit en
raison de leur profession, soit comme appartenant à des
services régulièrement organisés en temps de paix.

La formation de ces corps est ordonnée par décret, dès le
temps de paix, ou seulement au moment du besoin. Ils peuvent être utilisés, soit aux armées, soit à l'intérieur, et sont,
en cas d'appel à l'activité, considérés à tous les égards
comme des corps militaires ; les hommes qui les composent
sont soumis à toutes les obligations du service miltaire,
jouissent de tous les droits des belligérants et sont assujettis
aux règles du droit des gens.

Les personnels entrant dans la composition des formations
spéciales visées au présent article de loi sont, en temps de
paix, classés dans l'affectation spéciale et soumis, comme tels,
aux obligations édictées par la loi de recrutement à cet
égard.

Les personnels d'encadrement de ces formations reçoivent des grades d'assimilation spéciale dont la hiérarchie, pour chacun d'eux, est fixée par le décret constitutif.

Art. 41. — Il est constitué un commandement particulier pour chaque théâtre d'opérations ; la conduite des opérations y est assurée par un officier général ou maréchal de France, qui prend le titre de « commandant en chef ».

Les forces françaises en action sur tous les théâtres d'opérations peuvent être placées sous l'autorité d'un même chef qui assume alors la direction générale des opérations.

L'exercice du commandement supérieur des forces interalliées est réglé, par accord, entre les gouvernements intéressés.

Art. 42. — Le commandement des armées et groupes d'armées est confié à des membres du « conseil supérieur de la guerre » désignés dès le temps de paix et chargés d'en assurer la préparation.

Art. 43. — Les commandants de région désignés exercent le commandement du territoire dans les conditions fixées aux articles 8 et 10 de la présente loi. Ils disposent des organes territoriaux dont l'organisation pour le temps de paix est réglée par les dispositions du titre II et dont le maintien sur place à la mobilisation est prévu.

Les décrets rendus sur la proposition des ministres de la guerre et de la marine déterminent la portion du territoire national comprise dans la « zone des armées » et l'étendue des attributions territoriales dévolues dans cette zone au commandant en chef ou à ses délégués.

En territoire étranger, le conmmandant en chef concentre tous les pouvoirs civils et militaires au nom du Gouvernement français ; il les exerce dans les conditions fixées par les conventions internationales conclues en la matière .

TITRE IV

Dispositions particulières

Art. 44. — Les dispositions qui précèdent sont applicables à l'Algérie, sous réserve des conditions spéciales au recrutement indigène, telles qu'elles résultent des lois et règlements en vigueur. Le territoire de l'Algérie constitue une région.

Art. 45. — L'organisation militaire des colonies et pays de protectorat sera progressivement établie sur les mêmes bases, au fur et à mesure des possibilités locales, par décret portant règlement d'administration publique ou par des lois particulières édictées par le souverain dans les pays de protectorat.

Art. 46. — Les unités de garde républicaine mobile uniquement composées de militaires de carrière, créées par la loi du 22 juillet 1921 en vue du maintien de l'ordre, et dénommées par le décret du 10 septembre 1926, participent, en outre : en temps de paix, au service de la préparation militaire, au service de garnison et à l'instruction des troupes ; en temps de guerre, à l'encadrement des formations mobilisées.

Elles sont, au cours des hostilités, complétées par l'incorporation de gardes auxiliaires choisis dans les classes âgées parmi les citoyens présentant les garanties morales indispensables.

Art. 47. — Le général commandant la région dont le siège est à Lyon, et celui commandant la région dont le siège est à Metz portent respectivement, le titre de « gouverneur militaire de Lyon » et « gouverneur militaire de Metz ».

Le général commandant la région dont le siège est à Paris exerce ses fonctions sous l'autorité d'un officier général ou maréchal de France désigné comme « gouverneur militaire de Paris ».

Un membre du conseil supérieur de la guerre est, en outre, désigné comme « gouverneur militaire de Strasbourg ». Ses attributions sont définies par décret.

Art. 48. — Sont et demeurent abrogées : la loi du 24 juillet 1873 sur l'organisation de l'armée, ainsi que toutes autres dispositions et, notamment, celles des lois des 5 janvier 1875 et 17 octobre 1919 concernant l'organisation des gouvernements militaires de Paris, Lyon, Metz et Strasbourg et de la loi du 7 juillet 1900 relative à l'organisation des troupes coloniales en ce qu'elles ont de contraire aux dispositions de la présente loi.

TITRE V

Dispositions transitoires

Art. 49. — La constitution des cadres et effectifs et le recrutement de l'armée feront l'objet de deux lois spéciales.

Par des mesures et aménagements appropriés qui maintiendront la concordance nécessaire entre l'organisation du temps de paix et le plan de mobilisation existant, le ministre de la guerre préparera la mise en vigueur de ces nouvelles lois en même temps que la réalisation des conditions précisées dans la loi de recrutement. Cette réalisation devra précéder toute réduction de la durée du service militaire actif.

La présente loi, délibérée et adoptée par le Sénat et par la Chambre des députés, sera exécutée comme loi de l'Etat.

Fait à Paris, le 13 juillet 1927.

GASTON DOUMERGUE.

Par le Président de la République :

Le ministre de la guerre,

PAUL PAINLEVÉ.

Impr.-Libr. Militaire Universelle L. Fournier, 264, Boulev. Saint-Germain, Paris.

Paris. — Imp. & Lib. Militaire Universelle L. FOURNIER.

9 782329 086415